Salvados

Primeira edição impressa | Março 2024
Editor: Pedro Silva Sena sob a designação de
Edições Bicho de Sete Cabeças
Impressão: Clube de Autores
Capa: Canva
ISBN 978 046 392 47 23

https://editorabichodesetecabecas.wordpress.com

Pedro Silva Sena

Salvados

Inventário

Satírica

Atlas do Corpo Humano

Alan e John

A Vaga

Bizantinismos

Hipérboles

O Nó da Gravata

Serviço de Apoio ao Cliente (uma perspectiva breve e pícara)

Lúcida Náusea

«o que fazem os poemas»

O Dedo de Deus

Pequena Ode Antropocénica

Canção da Fome

Oração de Bilderberg

Stratford to Stanmore

Laboratório

a cobra come o rato come o queijo da ratoeira ...

Escada de incêndio

p e l e ...

Salvados

Dão à praia das edições impressas (após uma edição de autor digital em 2020), entre tanto aportar baldado, entre tanta tormenta mesquinha, os salvados de vinte anos de poesia – dispersos eletronicamente, a maior parte, por revistas e blogues; esquecidos uns nas *hard drives* do olvido; reservados outros devido ao seu cariz erótico –, qual carga que acaba por sobejar, alijada para mais tarde, o agora em que fazemos deles a equipagem de um novo livro. Um livro cujo intuito é, a despeito de qualquer reserva ou interpretação, *documental*: traçar um percurso poético, pela delimitação das suas margens, ao longo de mais de duas décadas de labor indiferente ao desinteresse, à pequenez e à soberba, através de composições que não chegaram a integrar qualquer obra édita ou inédita.

Almeirim, 12 de Março de 2024

Coca-bichos

1

lagartixa ao sol no muro quieta mal a mão miúda se
atira fugida

2

o bicho de conta acossado não tem ponta rola sem
saber por onde dobrado

3

No *Público*

o cão da rua, enxotado & ganido,
olhos desconfiados com remelas
nariz de húmida sabedoria,
morreu perro & magro, sem agasalho,
no abjecto negrume da ruela:
mas posou, um dia, para o diário.

4

o gato, siamês, tigre
de papelão, dorme o dia
pela noite mia, entre quatro paredes
encerrado o instinto.

o gato tigrado de pêlo alaranjado,
lança a unha qual arpão
à pescada cozida;
caça na panela como o ladrão
à primeira oportunidade concedida.

a gata nevada é borralheira
no inverno negra de cinza

a gata de íris dourada é soalheira
no estio branqueja à brisa

5

viveu entre livros, pragmática,
uma pequena aranha, corpo dourado,
morta, há bocado,
sob o peso da *Gramática*.

(*Gazeta de Poesia Inédita* (24.01.2021))

6

Os Corvos de New Cross

Eram dois corvos
altivos na passada
bicada voraz.

Eram dois corvos
senhores de fato escuro
elegantes e emproados.

Eram dois corvos
dois corvos sem motivos
senão os próprios.

(Levantaram voo)

(*Gazeta de Poesia Inédita* (27.04.2020))

7

O gaio dos jardins só se deixa ver uma vez por ano
– como a felicidade

8

O novelo nas garras do gato
– diz a avó – é um símbolo; e uma maçada.

9

Há um secreto ninho de melros discretos
Nas ramagens folhosas da nespereira
Aonde ninguém pode chegar
A não ser pelo querer do olhar
Como em tudo, de resto, a única maneira.

(*DiVersos* nº 15, 2009)

As Sementes de Romã

Cerco de Vénus edificada

Curvilínea noite pelas colinas gráceis quais ancas rendidas, ventre os vales, coxas as encostas e braços abandonados pelos campos num cerco de pulsos e dedos, e do monte cimeiro (à sua magnífica porta), senhores, traçamos o assalto às altas torres, à alcáçova onde nos teme os vorazes ósculos, às ameias de onde nos sofre os movimentos resolutos

Biquínis

estreados ao sol

estriados de sal

justos, estampados ou folgados

intumescidos, estreitos e molhados

sintéticos, coloridos, despidos.

(*DiVersos*, nº 30-31, 2020)

Fetiche

Quero coleccionar-te
adornar-te
(com uma gargantilha negra) o pescoço
misturar-te com sumo de laranja
andar contigo em alvoroço
alcançar-te o nirvana

(*DiVersos*, nº 30-31, 2020)

O isco

Vou correr-te o risco
sim, amor, comer-te o isco
sorver o oloroso marisco
morrer no teu visco.

(*DiVersos*, nº 30-31, 2020)

Ela a nada se atém, nem a ninguém, almeja;

e aos eleitos assinala-lhes o caminho

em gingas dengosas de quem

deseja carícias deleitosas

e delícias de gritinho.

(*Inefável*, nº 14, 2017, sob o pseudónimo de Manuel da Costa Madeira)

Luas em minguante

nadam, flutuam, mergulham luas em minguante

(*Inefável*, nº 14, 2017, sob o pseudónimo de Manuel da Costa Madeira)

A gueixa

Rubra
De pétala
Ebúrnea pele
Pomos envergonhados
E tenros
De escuro mel pingados
A gueixa bela
Como se chorasse sofre
O dedo rebelde

Inquieta-se, sôfrega crava as unhas
Nas nádegas vibrantes
Ataca os mamilos como agora as glandes
Pois saboreia já, aflita, o fruto hirsuto
Dos bosques tranquilos de luar
A gueixa bela
A gritar
Cabelo de lustro negro chicote
Boca de framboesa
É como uma fonte que rompesse a terra tremente.

(*Inefável*, nº 14, 2017, sob o pseudónimo de Manuel da Costa
Madeira)

Barlavento, Sotavento

Delgadas louras e sorridentes
de longas pernas traçadas
como mouras em almofadas recostadas
de longas pernas estendidas

nos bancos dos comboios

De longas pernas traçadas
Vão para Tavira vão para Silves
Do Barlavento para o Sotavento
Deitadas como sílfides
Delgadas louras e sorridentes

De longas pernas estendidas
Nos dosséis de areia
As mochilas pousadas
À sombra da alfarrobeira
De longas pernas traçadas.

Acrobata

Corpo galopante sobre a noite arvorada acrobata

O cometa

Ó vertigem de cometa nos milésimos da sua
passagem, cauda a sumir-se na garganta do infinito,
corpo celeste a desaparecer nos confins da sua viagem

Carícia

Desce a palavra pela cintura como uma mão até onde
a anseiam.

As Sementes de Romã

Os frutos da madrugada são os teus seios e seus
mamilos sementes de romã

(*Inefável*, nº 14, 2017, sob o pseudónimo de Manuel da Costa
Madeira)

O sol a um dia cinzento
O vento pelos teus cabelos
Os velos em si bemol

(*Inefável*, nº 14, 2017, sob o pseudónimo de Manuel da Costa
Madeira)

Viagem

Os vales que te atravesso
Os montes que te desço
As encostas onde me apresso
As planícies onde adormeço

provar-te-ei primeiro as nádegas às coxas seguir-se-ão
os lábios um após outro os seios e o ventre por fim
coroar-te-ei de ósculos a boca

Quando Eros passou pela Nazaré

1

Sobe e desce o ascensor
ascendente ardor
prazer de gente que ascende ao sítio
do amor e desce, sossegadamente,
ao torpor.

2

Corpos morenos
perfumes de maresias,
dedos distraídos, seios túrgidos
e salgadas lascívias.

Satírica

Atlas do Corpo Humano

onde começa o corpo: será na cabeça que pensa nos pés que andam nas mãos que mexem? onde acaba o corpo: será no nariz que cheira no cu que caga no ouvido que escuta?

(*Piolho*, nº 25/26, 2018)

Alan e John

Alan e John, estudantes de Cambridge,
Com o bedel apostaram
Que enganavam o moleiro desonesto
E de volta trariam,
Até ao último grão, a farinha da universidade.

Chaucer, o sacrista, foi generoso com os estudantes:
Não só voltaram com a farinha
(e o bolo do furto)
Como comeram os pãezinhos da melhor fornada
- Quanto ao cuco, nunca mais a cantou como antes.

E com isto riram o nobre, o burguês e o bispo.

A Vaga

A vaga
Rosa
vagarosa, vaga,
mente.

(*Inefável*, nº 15, 2018)

Bizantinismos

Amores epistolares
encantadores em bazares,
bajuladores em greve
burros com febre,
nhurros aos urros
maduros aos murros.

(*Inefável*, nº 15, 2018)

Hipérboles

Tempestades agitando copos de água.

Um motim num navio em miniatura dentro de uma garrafa.

Um kamikaze num avião de plástico telecomandado.

Uma batalha numa maqueta cuidadosamente montada.

(*Inefável*, nº 15, 2018)

O Nó da Gravata

São numerosos, multiplicam-se
Aqueles que vestem fato:
Há uns que gostam do facto
Outros não, mas engravatam-se.

Os primeiros sentem-se mais primeiros
Menos vulgares e melhores senhores
De fato e gravata sem vínculos.

O problema é (sempre) o nó.

(*DiVersos*, nº 30-31, 2020)

Serviço de Apoio ao Cliente (uma perspectiva breve e pícara)

Se bem entendi, está a contactar-nos no sentido de esclarecer a sua última factura de gás e electricidade...
O reclamante incendeia-se em acesa chama electrocutado de indignação com a comercial explicação
Posso ser útil em mais alguma questão?
Ousa inquirir o serviço de apoio ao cliente a quem reclama
- fim abrupto de chamada; lá fora freme a cidade.

Lúcida Náusea

dedicado aos povos palestiniano, sírio e iemenita e aos
refugiados e migrantes deste século

o que fazem os poemas
entre as ruínas
e as crateras das explosões

o que fazem os poemas
atrás dos muros
dos países das prisões

o que fazem os poemas
ao lado
do menino afogado

gritam?
acusam?
choram?

podem ser o sorriso entre o beijo e a bomba
podem ser as mãos que derrubarão as torres
podem ser a sombra insepulta

O Dedo de Deus

O dê de deus é uma letra
e *deus* palavra de uma sílaba
uma ideia.

O dedo de deus tocou na humanidade um instante
apenas, no tecto da capela sistina:
de domingo a domingo
as espadas as bombas as balas as granadas
tocam na carne humana despedaçando-a com santa
ira.

Todas as pedras de todos os templos
choram
o seu peso em lágrimas de menino
vertem
o seu volume em sangue de cordeiro.

(*Piolho* nº 15, 2015)

Pequena Ode Antropocénica

Enquanto as oliveiras envelhecem três mil anos nos
campos antes do bulldozer
Enquanto alguns cientistas aguardam a singularidade
tecnológica que transformará a humanidade
Enquanto muitos capitalistas preparam a
automatização inteligente do globo que redundará a
multidão humanal
Enquanto as baleias fazem os seus chamamentos nos
oceanos ácidos e desertos antes dos arpões
Ouvem-se os teclados a cantar o alvoroço lucrativo
das multinacionais por detrás dos vidros dos
escritórios
(laboram aí aqueles que dormitam em comboios,
autocarros e automóveis
que viajam de metropolitano num silêncio
ensimesmado
que entrechocam apressadamente nos túneis das
estações a ouvir *Low* ou *Napalm Death*
que bebem goles curtos de café fumegante à secretária
que vivem metade de si *online*
que trabalham metade da vida em *full-time*
que produzem pressurosamente os incontáveis
números dos ecrãs coloridos de gráficos eriçados)

50

Enquanto uns loucos bravejam contra a sombra dos
miseráveis que encobrirá o céu
Enquanto certos crentes cortam a garganta dos infiéis
com a lâmina das folhas dos livros sagrados
Enquanto tantos inocentes explodem em pedaços sob
os escombros e a poeira da guerra
Outros derrubam as oliveiras que envelheceram três
mil anos nos campos.

(*Gazeta de Poesia Inédita*, 9.12.2018)

Canção da Fome

há bocas de muita fome
há fome em muitas bocas

(a tal fome que mói e mata
a fome tal que constrói e desbarata)

bocas numerárias
bocas de obra
bocas firmadas
bocas sem joio nem água
bocas horárias
bocas forçadas

porque aqui nunca faltou o que sobrasse
jamais sobrou o que faltasse

por isso

a muita fome dessas bocas
come
muitas bocas dessas
fome

organizada
regulamentada
armada
faminta

Oração de Bilderberg

O mundo é vosso Senhores
Como a terra é da chuva
O céu o sol o mar o ar
Vos pertence
Pois fazeis para que pertença
Oh, que penhores!
Sois a saúde e a doença
A água e o sal.

O mundo é vosso Senhores
Quando nascemos
Cuidais com o cuidado que tendes em cuidar
Dos nossos cuidados
Quando morremos

O mundo é vosso
E que graça comovente tem o mundo
Senhores Nossos
Nossos Senhores
Que mão benevolente tendes
Connosco pelos vossos

Bem-aventurados os que comem lixo
Bem-aventurados os que dormem em papelão

Bem-aventuradas as variáveis do benefício fixo
Bem-aventuradas as margens de capitalização

O mundo é vosso Senhores
A cada dia o Vosso pão

(*Piolho*, nº 11, 2013)

Stratford to Stanmore

Circulam os obreiros dos impérios geridos nos
arranha-céus de Canary Wharf
anónimos sob(re) Londinium, os cais e os armazéns
da East India Company
e as fábricas fumegantes de oitocentos
entre Stratford e Stanmore
acordam todos os dias nas filas de bancos ainda
quentes de outros sonos
todos os dias adormecem na laje fria dos seus sonhos.

(*Piolho* nº 25/26, 2018)

Laboratório

a cobra come o rato come o queijo da ratoeira armada pelo homem matou o rato comeu a cobra comeu o homem da ratoeira

(*Inefável*, nº 15, 2018)

Escada de incêndio

incêndiospirosadormecemosmosexocarinascermoscas
telocalcanharmasturvar

(*Piolho* nº 25/26, 2018)

pelepelículapapelpartícula

(Inefável, nº 15, 2018)

Geografias

Os Jardins de Telegraph Hill

Os plátanos desfolham-se ondulando de vento num
fogo cálido de entardecer caem sementes
ruidosamente perseguem-se esquilos entre equilíbrios
cinzentos de cauda e gritos de crianças sustêm o
tempo e espantam os corvos

(*Piolho* nº 25/26, 2018)

Cheia do Tejo Observada do Miradouro de S. Bento

a terra plana desaparece o cego areal canaviais chorões
telhados postes emergem da terra plana submecida
podridão humosa nateiros

(Incomunidade, nº 7, 2004)

A bateira na Pateira de Fermentelos

Uma bateira é haver água à proa e quem lhe desafie o calafate
Antes disso há tábuas, sombras, colossos de silêncio agarrados ao chão.
Juntaram-se os pés e deitaram-se as mãos que a fizeram e a voltaram a fazer
É uma lembrança a perder memória nos limos
Um berçário de barbatanas.

(*Munditações* [blogue], 2012)